Friedrich Arnold Mayer

**Wiener Bühnen-Unwesen**

öffener Brief an den Vereinsausschuss des Deutschen Volkstheaters

Friedrich Arnold Mayer

**Wiener Bühnen-Unwesen**
*öffener Brief an den Vereinsausschuss des Deutschen Volkstheaters*

ISBN/EAN: 9783744630696

Hergestellt in Europa, USA, Kanada, Australien, Japan

Cover: Foto ©ninafisch / pixelio.de

Weitere Bücher finden Sie auf **www.hansebooks.com**

# Wiener Bühnen-Unwesen.

Von

## F. Scenicus.

## Offener Brief

an den Vereinsausschuß

des

## „Deutschen Volkstheaters."

Cum ira.—.

Wien, 1890.

Commissions-Verlag von Franz Deuticke, I., Schottengasse 6.

Buchdruckerei Helios, Wien.

# Wiener Bühnen-Unwesen.

Von

## F. Scenicus.

## Offener Brief

an den Vereinsausschuß

des

## „Deutschen Volkstheaters."

Cum ira —.

Wien, 1890.

Commissions-Verlag von Franz Deuticke, I., Schottengasse 6.

Buchdruckerei Helios. Wien.

„Das angenehmste, das lehrreichste, das unschuldigste Vergnügen für die Bürger eines Staates ist unstreitig eine wohleingerichtete Schaubühne … auch der niedrigste Bürger lernt das wahre Gute und Schöne kennen; der gute Geschmack verbreitet sich auf die ganze Nation."

Ju v. Sonnenfels' „Briefen uber die wienerische Schaubühne" (1768) IV, 13.

## Sehr verehrte Herren!

Unter dem Druck eines allgemeinen, nach trüben Erfahrungen nur zu begründeten Pessimismus hatten Wiener Bürger den Muth zur Errichtung des „Deutschen Volkstheaters". Wenn nun jetzt das neue Haus eine mehrmonatliche Folge von Vorstellungen überblicken läßt, so darf man sich und anderen wohl schon Rechenschaft ablegen, in wie weit die bisherigen Leistungen den hochgespannten Erwartungen aller Freunde vaterländischer Kunstübung, also auch denen der Vereinsmitglieder des „Deutschen Volkstheaters", begegnet. Zur Erläuterung dieses letzten Satzes sei eine Abschweifung gestattet.

Bekanntlich gab es für die liebe Stadt Wien eine Zeit, da sie in allen Bühnensachen unbestritten eine beherrschende Stellung einnahm: unsere Landsleute versuchen sogar für die fast verlorene Geltung in dem Hinweis auf jene noch nicht allzu lang verflossene Vergangenheit eine — sehr bedenkliche — Stütze zu gewinnen. In Wahrheit ist die Klage über den Verfall des Wiener Theaters seit Jahren eine ständige, und sie ist gerechtfertigt.

Berlin, der Vergleich liegt ja am nächsten, erhält vier (!) Schauspielhäuser ersten Ranges („Königliches Schauspielhaus", „Deutsches Theater", „Lessingtheater", „Berliner Theater") neben mehreren — nur relativ zu den erstgenannten — kleineren („Residenz=", „Wallner=", „Friedrich=Wilhelmstädtisches=", „Belle=Alliance=", „Central=Theater"), Theater, von denen die meisten gute, einige sehr gute Mitglieder besitzen; dazu kommen die Königliche Oper und im Sommer die Vorstellungen bei Kroll und sind das „Biktoriatheater" für Ausstattungsstücke und die eigentlichen Volkstheater (Königstädtisches=", Louisenstädtisches=" und Ostendtheater") gar nicht gerechnet. Auf der anderen Seite verfügten die Wiener bis in den heurigen Herbst nur über fünf Theater, aber selbst diese waren nicht genügend besucht und gingen, so weit sie im Privatbesitz waren, von einer Hand in die andere über. Und doch hätte gerade unsere Stadt alles Zeug zu einer echten Kunststadt!

Das Volk ist ja in seinem innersten Marke gesund und tüchtig, allen, auch wohl schlimmeren Einflüssen, leicht zugänglich, so denn häufig übel geleitet, aber von unzerstörbarer Lebenskraft und nie versagender Daseinsfreudigkeit; hie und da sind wir mehr als gut dem äußerlich Sinnfälligen zugewandt, dafür auch künstlerischen Regungen rascher aufgeschlossen, um so eher, als eine gewisse Schwerfälligkeit des von Alters her schon sangesfrohen bajuvarischen Naturells durch den Einschlag mancher fremdartiger (slavischer, magyarischer) Bestandtheile gemindert wurde: so ist auch die Natur ringsum prächtig und lieblich, im Norden der schöne, große Strom, gegen Süden im weiten Umkreise das Alpenland, wo es überall in den rhytmischen Vierzeilern klingt und tönt fast bis an die Thore der großen Stadt hinan. Was Wunder also, daß sich die Gemüther der Wiener seit je an Musik, Gesang, Tanz, Schauspiel am liebsten ergötzten. Um von alten Zeiten zu schweigen, so ist es unser Stolz, wie in den Fünf= ziger Jahren und darüber hinaus das „Burgtheater" das erste Theater Deutschlands war — in jeder Hinsicht, Grill= parzer, allgemein freilich erst neuerdings erkannt, in unserer Mitte seine herrlichen Werke schuf, und die Volksbühne, in Wien zu Raimund's Zeiten von einem nirgends erreichten Reiz der Ursprünglichkeit, noch in Johann Nestroy einen als Satyriker genialen Schauspieler und Dichter besaß. In dem vormärzlichen Wien und auch später, in den Jahren der politischen Reaction, war denn auch das Theater die wichtigste, beinahe einzige öffentliche Angelegenheit, der Jung und Alt leidenschaftlichen Antheil zuwandten.

Daß hier Aenderungen eintreten mußten, lag freilich in der Zeit. Für das Theater rückte nicht blos in Wien, sondern überall die Politik in den Vordergrund. Vor dieser wichen künstlerische Interessen immer mehr zurück und noch dauert diese Erscheinung an. Aber während demungeachtet in Berlin doch Theater auf Theater entstanden ist, erlag in Wien die einzige neuere Gründung, die hier in Betracht kommt, das „Stadttheater" des alten Laube, allen Hoffnungen zum Trotz, die auch es, wie nun das „Volkstheater", angetroffen hatte, nach einer längeren Agonie, noch vor dem Brande dem, was die allgemeine Be= quemlichkeit als „Ungunst der Verhältnisse" zu bezeichnen liebte. Daß dort politische Erfolge das Gedeihen a l l e r Culturgebiete förderten, hier militärische Niederlagen, poli= tische Wandlungen neuesten Datums insbesondere die Haupt= stadt des Reiches schädigten, soll dabei nicht vergessen sein.

Aber den verderblichsten Mißständen hätte man gleichwohl aus eigener Kraft widerstreben können.

Zunächst unsere **Privattheater**. Sie kranken vor Allem an dem Mangel einer genügenden Arbeitstheilung: Alle wollen Alles geben.\*) Ein Concurrenzspiel kann höchstens in einem mächtig aufstrebenden Gemeinwesen mit einer wohlhabenden Bevölkerung, wie eben Berlin es ist, ohne Schaden bleiben. Bei uns folgte daraus nur, daß ein Director dem anderen Stücke und Schauspieler abjagte, demgemäß mit der Erhöhung der Betriebskosten auch die Sitzpreise sich auf eine Höhe stellten, daß der Besuch dieser Theater nur den „reichen“ Leuten möglich und Familien des Mittelstandes von selbst versagt war. Diese finden übrigens hier nicht das, was sie im Theater suchen. Das wirkliche „Volksstück“, das, heimatlichem Boden erwachsen und einwurzelnd, von Dichtern wie Raimund und Anzengruber bis zu den Kaiser und Elmar für das ganze große Wiener Volk, mit Ausschluß etwa der obersten und niedersten Schichten, geschrieben wurde, wich mit den geeigneten Schauspielern zurück, dafür zogen die öfter schlechten als guten Operetten, für Deutschland eine **Wiener** Schöpfung, die französischen Sensationsdramen, die elenden Possen ein. Da nur wenige von diesen Stücken es über die ersten Vorstellungen bringen, so gehört die Theilnahme des Publikums immer ausschließlicher diesem oder jenem zeitweiligen Liebling unter den Schauspielern oder Sängern, der dann Director, Spielplan und Publikum beherrscht und natürlich diesen Einfluß rücksichtslos geltend macht.

---

\*) Die ausgezeichnete Broschüre von Adam Müller = Guttenbrunn: „Wien war eine Theaterstadt“ („Gegen den Strom“ Nr. 2) führt das näher aus.

Solche Verschiebungen des Interesses zeigen sich aber auch in den Hoftheatern. Durchschnittlich kümmert man sich im „Burgtheater" mehr um die Leistungen der ausgezeichneten Künstlerschaar, die mit genialen Talenten, wie Charlotte Wolter, Stella Hohenfels, Bernhard Baumeister, Emerich Robert, fast mehr durch das unvergleichliche Zusammenspiel, noch immer die weitaus beste in Deutschland ist, als um den ganz und gar stagnirenden Spielplan. Eine von den deutschen Mittelpunkten nach Osten vorgeschobene Lage brachte ja dem „Burgtheater" eine Gefahr des Zurückbleibens hinter der Zeit seit jeher nahe, kann aber bei dem literarischen Wechselverkehr unserer vorgeschrittenen Gegenwart nicht entschuldigen, daß von den Neuheiten der letzten Jahre fast nur die allerschlechtesten ausgewählt wurden und gewisse „Hausdichter" sich breit machen durften, dichtende Nichtigkeiten wie Herr Triesch, der nicht erst nach Berlin hätte reisen brauchen, um über seine Schöpfungen klar zu werden. Solche Waare kann man sich nur dann hie und da gefallen lassen, wenn wenigstens auch Namen wie Fitger, Voß, Lindner *) Ibsen **) und Andere erscheinen ***).

Wie arm sind wir auch in diesem Punkte, nicht blos an Zahl der Schauspielhäuser, gegen den Reichthum der Berliner. Was weiß unser trotz aller Literaturfreunde-Vereins-Simpeleien hyperboräisches Publikum viel von Ibsen,

---

*) Im Burgtheater nur „Brutus u. Collatinus" am 24. Sept. 1867.

**) Nur die „romantische" Jugendarbeit: „Nordische Heerfahrt", die hier kaum gerechnet werden kann.

***) Für Anzengruber ist das Burgtheater natürlich noch immer zu „vornehm", wie sich die Zeitungen gelegentlich wohl auszudrücken pflegten. Was für eine Summe von Blödsinn und Anmaßung schließt hier dieses eine Wort: vornehm ein!

als daß er irgendwo einen gehirnkranken Menschen auf=
treten läßt, was von Zola, als daß er ein schmutziger
Schriftsteller sei? Was kümmert unsere glückliche Harmlosig=
keit eine „Freie Bühne", die in Wien wahrlich nicht einmal
im Gedanken entstehen könnte, was liegt uns an Bühnen=
dichtungen, welche die ganze literarisch=interessirte Welt einer
großen Stadt in zwei Lager spalten!

Für das „Burgtheater" komme man nur nicht mit
den „Rücksichten", die eine Hofbühne beobachten müsse!
Bestehen diese doch auch für die reichsdeutschen Hoftheater
und nirgends ist der Spielplan in dem Maße verfallen,
wie im Burgtheater. Wer einige Jahre hindurch die neuere
deutsche dramatische Dichtung nur vom „Burgtheater" her
kennen lernte, mußte ein Bild von dem Stande der Pro=
duction erhalten, wie es glücklicherweise so der Wahrheit
nicht entspricht. Daran hat auch die Thätigkeit (?) des „lite=
rarischen" Directionssecretärs, des Herrn Baron von Berger,
nichts geändert, dafür aber hat das neue Haus als ein wie
nach Außen unschöner so im Innern unpraktischer Palast
eine andere Krisis heraufbeschworen, die noch nicht über=
wunden ist. Uebrigens sind unsere Hoftheater, voran das
„Burgtheater" thatsächlich auch nur für die „obersten Zehn=
tausend" vorhanden: alle anderen, namentlich wieder Fa=
milien, mußten seit dem Untergange des Stadttheaters
darauf verzichten, „classische" Stücke zu sehen.

Damit war denn für das mittlere Bürgerthum der Besuch
des Theaters überhaupt, der für dieses ein regelmäßiger sein
sollte, zum seltenen Festereignisse geworden. Je mehr aber das
Theater unter den öffentlichen Vergnügungen an Bedeutung
verlor, desto höher stieg die Poesie des „Brettls" empor,
die Poesie und die Kunst der „Volkssänger", der „drama=

tischen Scenen". Nicht blos das „Volk" im engsten Sinne, sondern auch der besser gestellte Wiener Spießbürger sucht da sein Vergnügen. Dieses Volkssängerthum wird jenseits der schwarzgelben Grenzpfähle zu den eigentlich charakte= ristisch=wienerischen Dingen gerechnet. Zum Beweise lese man nur den Wiener Reisebericht, den Herr Paul Lindau vor längerer Zeit in seiner Monatsschrift „Nord und Süd" veröffentlichte. Hier verherrlicht er diese „Kunst" so, als ob sie wirklich die edelste Blüte unserer Entwicklung wäre.

Das sollte uns die Schamröthe in's Gesicht treiben! Denn diese Barden, die in der That einen unheilvollen Einfluß aus= üben, variiren nur drei ewige Themen: Verhimmelung der Vaterstadt, Selbstverhimmelung des betreffenden beliebten Mitgliedes der Truppe, schließlich die Zote. Namentlich das Erste, auch bei den Vorstadtbühnen und bei einer gewissen tief stehenden Presse redlich gepflegt, muß jeden Freund Wiens und welcher Wiener oder Fremde, der die liebens= würdige Stadt kennt, wäre das nicht! mit Erbitterung erfüllen, weil dieser localpatriotische Chauvinismus, dieser Kirchthurmsstandpunkt, bei der großen Masse der unteren Volksschichten jedem Fortschritt lähmend in den Weg tritt. Da gelten nach wie vor*) die alten Wahlsprüche, wie: „Sollen's uns nachmachen!" oder „So was gibt's nur bei uns in Wien!"

Bis vor Kurzem stand ja das kleine „Josefstädter= Theater" mit dem „volkssängerischen" Kunstbetriebe in er= folgreichem Wettbewerb, um die Gunst eines großen Theiles der Wiener, es brachte bei kleinen Preisen hie und da ein

----

*) Trotz Herrn Ferdinand Groß („Deutsche Rundschau", 1889, September.)

gutes Volksstück oder eine gesunde Posse und erzielte mit den „Gigerln" einen verdienten nachhaltigen Erfolg.

Nun hat sich aber Director Blasel unbegreiflicher Weise in die Leopoldstadt gezogen, um selbst dem alten Hause unter für ihn möglichst ungünstigen Umständen Concurrenz zu machen. Zur Hebung des einst so berühmten „Carltheaters" hat er zwar die Sitzpreise bedeutend ermäßigt, scheint aber dennoch bereits einen Verzweiflungskampf zu kämpfen.

Es war ja vorauszusehen, hätte nur auch nachdrücklich gesagt werden müssen, daß ihm sein Josefstädter Publicum nicht über den Canal folgen würde. Mit diesem Umstande rechnend, hätte er das früher von ihm gepflegte Genre gänzlich verlassen müssen, thatsächlich gab er aber Stücke, wie „Die Himmelsleiter" und „Nigerl's Reise nach Paris". Ersteres, das auf dem für Berlin populären Gegensatze des Weiß- und „bayrischen" Bieres ruht, fiel natürlich in der Wiener Localisirung erst recht ab, aber auch das zweite war nur ein Verlegenheitslückenbüßer, im übrigen ein witz- und sinnloses Machwerk,*) das nicht entfernt die lustigen und zugleich harmlosen „Gigerln" erreichte, die von einem guten Einfall ausgehen, um die Komik einer wirklichen Wiener Localfigur glücklich auszubeuten. So lassen es sich unsere Theater Geld, oft recht viel Geld kosten, werthlose Stücke zu erwerben und aufzuführen, die nach kurzer Zeit für immer verschwinden.

---

*) Ein ähnliches Urtheil fällte Herr A. L. im „Wiener Tagblatt", nur liegt für diesen der Verdacht nahe, daß Animosität gegen den „geistigen Vater" des „Nigerl", Herrn Pöhl, als Mitarbeiter des „Neuen Wiener Tagblatt", im Spiele ist. Wäre das Stück nur von Herrn Chiavacci vom „Wiener Tagblatt" gewesen!

Wie die Verhältnisse liegen, müßte das „Carltheater"
von der Localposse ganz absehen, diese gebührt jetzt dem
„Josefstädter-Theater". Das Theater a. d. Wien sollte sich
auf die dort seit langem heimische Operette beschränken, anstatt mit Stücken wie dem „Fall Clemenceau", wo ohne
Frage das „echte" Modell kein geringerer Anziehungspunkt
war als Frau Wilbrandt, Experimente zu machen, die ihm
leicht mißglücken können.

Für solche Bühnenwerke, überhaupt die Komödien
der Franzosen und anderes „Exotische" wäre eben das
„Carltheater", das sich damit in der Art des Berliner
„Residenztheaters" ausbilden würde, wie geschaffen.

Herr Blasel, eine persönlich so liebenswürdige Erscheinung, daß man ihm nur das Beste wünschen möchte, sei
daher in seinem eigensten Interesse dringend gebeten, seinen
Spielplan in der angedeuteten Richtung umzugestalten und
zu diesem Behufe sein Personal zweckmäßig zu ergänzen.
Das dürfte nicht sehr schwer sein, er wäre selbst die
schätzenswertheste Kraft. Vielleicht ließe sich noch Herr Knaack
gewinnen, und auch Herr Tewele, dessen Hauptstärke solche
französische Bonvivants und Charakterkomiker ausmachen,
wäre dann hier am Platze, viel mehr als am „Volkstheater".
Sowohl Herr Blasel als auch das „Carltheater" selbst
würden mit den vorgeschlagenen Veränderungen nur an eine
glänzende Vergangenheit anknüpfen und damit zugleich das
Ihrige zu der Theilung der theatralischen Arbeit beitragen,
die oben vermißt wurde. *)

--------

*) Daß Herr Blasel damit auf richtigem Wege wäre, kann ihm
der glänzende Erfolg beweisen, den die letzthin aufgeführten „Nervösen
Frauen" gehabt — hätten, wenn die Darsteller (Herrn Blasel natürlich
ausgenommen) nicht so elend gewesen wären. Das spricht sich leicht

Bei der Beurtheilung unserer Theaterverhältnisse, wieder den Berlinern gegenübergestellt, darf man die eigenthümliche Zusammensetzung unserer Bevölkerung nicht außer Acht lassen. Berlin hat noch einen guten, deutschen, zum großen Theil bildungsbedürftigen Kleingewerbe- und Handwerkerstand, eine Schichte, die überall das im besonderen so genannte „Volk" hauptsächlich zusammensetzt. Dort fußen kleine Theater, wie das „Louisenstädtische", mit ihren Vorstellungen klassischer Stücke ganz auf solchen Elementen. Dagegen kommt bei uns der Handwerkerstand schon weit mehr zur Auflösung: seit längerer Zeit national gemischt, treibt er einer Slavisirung, wenigstens Entgermanisirung zu, und es ist vor der Hand nicht abzusehen, wie hier ein Halt geboten werden sollte. Diese Volkstheile haben natürlich kein Bedürfnis nach einem deutschen Theater.

Von nachtheiligem Einfluß auf den Theaterbesuch ist ferner die schöne Umgebung der Stadt. Keine Großstadt hat die Berge so nahe vor den Thoren. Wie der Frühling in's Land rückt, zieht es den Wiener hinaus und die Theater thun nicht viel, ihn zu halten. Eine Grabesstille ruht in den Sommermonaten über unseren Bühnen.

Die Hofoper allein eröffnet noch vor dem Eintritt des Herbstes ihre Pforten. Von ihr soll hier nicht weiter die Rede sein: es müßte da die Lage der ganzen musikalischen Kunst in Wien erörtert werden, was ich lieber einem Fachmanne überlassen will. Nur so viel, daß man nach dem Urtheil unbefangener Leute in Wien zwar die

herum, und so brachten denn gleich die nächsten Tage leere Häuser, trotz aller Bemäntelungsversuche mehrerer Blätter, die sogar, incredibile dictu! auf die Darstellung des Offenbach'schen Singspiels ausgedehnt wurden.

beste Musik der Welt hört — das philharmonische Orchester der Oper findet gewiß schwerlich seines gleichen — aber, wenn man von den geistlichen Aufführungen der Hofkapelle absieht, ernste Musik überhaupt nur mit größeren oder geringeren Kosten: es fehlen „Volksoper" und „Volksconcerte".

Das ist der Stand der Sachen. Nicht alle Schäden, die ich, ohne durchaus Neues sagen zu können oder auch nur zu wollen, berührt habe, haften am Wiener Theater als solchem, manche hat es mit dem ganzen deutschen Theater gemein. Aber sie sind alle der Art, um durch Bühnenleiter, Publikum und Kritik im Verein behoben oder abgeschwächt zu werden, und nichts stünde dann im Wege, daß Wien den Rang einer ersten Theaterstadt ungeschmälert behaupten könnte.

In dieser Hinsicht vertraute man nun auf das „Deutsche Volkstheater": damit, meine verehrten Herren vom Vereinsausschusse, kehre ich zu meinem Ausgangspunkte zurück. Anzengruber gelangte auf der neuen Bühne vor allen Anderen zu Wort. Sollte sein Name schlechtweg das Programm des Volks theaters bezeichnen, so wäre schon dies eine Einseitigkeit und mehrseitig verfehlt. Zunächst dichtete Anzengruber nicht für das „Volk" im engeren Sinne, sondern sein Publikum ist die „gebildete" Welt, und dann zählt ja auch wirklich das „Volkstheater", so versicherte man uns, in erster Reihe, wie einst das „Stadttheater", auf den bürgerlichen Mittelstand, die Familien, für die das „Burgtheater" schon wegen des beschränkten Raumes nicht genügen könnte, es will ein Theater für das Volk im weiteren Sinne sein und auf dieses sind auch die Preise berechnet. Ob vielleicht einmal tiefer liegende Kreise sich möchten heranziehen lassen, steht sehr in Frage. Dann aber gehören in den Spielplan vorerst die Schöpfungen unserer classischen

Literatur, die zum unveräußerlichen Besitzstande eines „deutschen Volkstheaters“ zählen müssen und in Wien immer noch
den größten Zulauf finden, wie die Vorstellungen des „Burg-
theaters“ ausweisen. Hierauf die hervorragenderen zeit-
genössischen Erscheinungen: da freilich Anzengruber voran,
der Mann, der zu unserer Schande Fremden für den gewal-
tigsten deutschen Dramatiker unter den Lebenden galt, als er bei
uns verschollen war, obwohl er ein Stück nach dem anderen
schrieb; aber — in gebührendem Abstande nach diesem
Großen, den die Wiener selbst jetzt schwerlich in seinem vollen
Werthe erkennen — auch Dichter, wie Fitger, Voß, muß
das „Volkstheater“ uns kennen lehren. Von den älteren wären
natürlich noch Grillparzer, Raimund, Hebbel, unter den
Ausländern vor allen der hochbedeutende Ibsen zu nennen.
Zu hüten aber hätte sich das neue Theater vor den Abwegen,
auf denen das alte „Stadttheater“ dem Untergang verfiel,
also Vorsicht anzuwenden gegenüber den Erzeugnissen der
neueren und neuesten Franzosen und namentlich die ganz
schlechten Possen und Lustspiele, wie sie von bekannten Fir-
men verfertigt werden, so wenig als möglich zuzulassen.

Diesen nur billigen Wünschen hat man bisher keineswegs entsprochen. Zunächst — an sich nur ein äußerlicher
Umstand — hätte vielleicht doch die „Weihe des Hauses“
nach alter guter Sitte einem unserer „Classiker“ zufallen
sollen, wie z. B. auch das „Lessingtheater“ in Berlin, das
sich ausdrücklich als „Theater der Modernen“ bezeichnete,
mit „Nathan“ eröffnet wurde. Erst am 26. October gab es
an unserer Bühne eine gänzlich mißglückte (daher nur wenige
Male mehr wiederholte) Vorstellung des „Wilhelm Tell“,
das einzige „classische“ Stück, das sich das Haus im Weg-
hubergarten bisher leistete. Wenn aber schon Anzengruber

den Anfang machen sollte, so war zu dem beabsichtigten
Zwecke wohl jede der älteren Schöpfungen des Meisters
Ludwig geeigneter, denen wie dem „Meineidbauer" oder den
„Kreuzelschreibern" unmittelbar bezwingende Macht inne-
wohnt. Ich will nur gleich sagen, daß ich gerade den „Fleck
auf der Ehr" (14. September) für eines der feinsten Dramen des Dichters halte, aber dem Verständnisse des städti-
schen Durchschnittspublikums liegt es ziemlich fern. Dieses
wird nur schwer eine Franzl Moserin begreifen, wenn die
glückliche Gattin und wohlbestellte Großbäuerin in ihrem
einfach-beschränkten Bauerngemüth eine unschuldig erlittene
Haft noch nach Jahren als „Fleck auf der Ehr" empfindet,
deshalb das Geschehene vor Mann und Schwiegereltern
ängstlich zu verbergen sucht, ja sogar, da es doch an's Licht
kommt und der Mann ihr die „Diebin" in's Gesicht schleu-
dert, voll „Naturverschämtheit", wie es treffend genannt
wurde, lieber den Tod erwählen will, anstatt mit einem einzigen Worte sich zu reinigen. Anzengruber hat selbst dieses
Bedenken vorgefühlt, indem er für das Drama — anders
als in der älteren Novelle — wenigstens den, freilich natür-
licheren, also auch künstlerischeren, tragischen Ausgang auf-
gegeben hat. Wichtiger als diese „ästhetischen" Bemerkungen
ist hier, zu sagen, daß das „Volkstheater" von unserem
Dichter nur mehr (am 4. November) das Zeitdrama „Der
Pfarrer von Kirchfeld", rein poetisch nicht seine b e s t e
Schöpfung, brachte, vielmehr von Anzengruber sofort zu —
Schönthan und Kadelburg („Die berühmte Frau", am 30.
September) fiel, dann, in den alten Vorrath des Stadt-
theaters greifend\*), eine der innerlich unwahren Kindereien

***

\*) „Maria und Magdalena" zuerst 19. October 1872, „Die Blut-
hochzeit" 3. Februar 1872, „Die Rantzau" 14. October 1882.

Herrn Lindau's („Maria und Magdalena", 21. September)
wieder zu beleben suchte, nur am 26. September sich zu
Lindner's „Bluthochzeit" hob, um dann die schwächlichen
„Rantzau" von Erckmann=Chatrian (4. October), endlich, wie=
der nach wenigen Tagen, am 12. October eine „Posse",
genannt „Der Strohmann", folgen und nun in der beliebten
Manier eines gleichlautenden Communiqués in allen Zeitungen
verkünden zu lassen, daß jetzt in allen Punkten das
gesetzte Programm („Pflege aller dramatischen Gattungen mit
Ausschluß der Oper und Operette") erfüllt sei. So! — Das
war freilich bequemer, als in ernster Arbeit zunächst we nige
Stücke, aber von bewährtem echten Kunstwerth, eines nach
dem anderen sorgfältig herauszuarbeiten und sich ein tüch=
tiges Repertoire allmählich, Schritt für Schritt, erst zu
bilden. Denn wenn man in der Bahn, auf die fast alle der
bislang aufgeführten Werke weisen, wirklich fortschreiten will,
dann wäre wieder einmal „der Liebe Müh' umsonst"
gewesen.

Man kennt ja nun in Wien — dem Volkstheater
Dank! — die „Berühmte Frau" mit ihren unmöglichen un=
garischen Grafen, Baronen, ungerathenen Töchtern und wacht=
stubenmäßigen Späßen und man kennt schon von früher her
die fadenscheinige Pensionatstragik der „Maria und Mag=
dalena", die, unglücklich genug an das kräftige Hebbel'sche
Stück erinnernd, noch vor drei Jahren im „Burgtheater" un=
zweideutig abgelehnt wurde. Aber auch dem roh gezimmer=
ten, wenn gleich dramatisch lebensvollen Drama Lindner's
gebührte schwerlich ein Platz unter den ersten Vorstellungen
des Theaters. Lindner gehört gewiß in's „Deutsche Volks=
theater", aber erst, nachdem Schauspieler und Publikum
sich an edleren Aufgaben versucht haben.

Ernster zu nehmen war allenfalls auch die „Hochzeit von Valeni" (29. November), ein (von Herrn Ganghofer?) dramatisirter Roman des Marco Brociner, trotz der Schwächen der Handlung — der alte Zigeuner, der seine ahnungslose Tochter den Mörder ihrer Mutter heiraten läßt und sie erst nach der Hochzeit darüber aufklärt, die Angel für die „Tragödie", ist unmöglich — und trotz der verschwommenen Zeichnung der Charaktere.*) Stücke, wie „Urlaubers Heimkehr" (23. November), oder „Auf glatter Bahn" (10. December) entziehen sich ja doch der Kritik. In beiden kaum eine Spur von Handlung, in jenem vormärzliche Plattheit mit Operetten-Couplets und -Ensembles**), in diesem moderne Plattheit mit Thorheit, Unmöglichkeit und Langweiligkeit versetzt. Das zweite Stück wirkte nicht einmal mechanisch auf die Lachmuskeln, wie es etwa beim „Strohmann" hie und da der Fall war. Und doch ist auch dieser „Strohmann" die denkbar blödsinnigste und abgeschmackteste Hanswurstiade. Der Redacteur eines Familienblattes, welcher die ihm als Dichter zugedachten Huldigungen von seinem Diener in Empfang nehmen läßt; eine Kanzlerzusammenkunft, zu der sich jener als Correspondent einer großen Tageszeitung derselben Stadt abschicken läßt, während der Leiter des gegnerischen Blattes

---

*) Im Roman ist Sanda eine Jüdin, was zum Nachtheile des Stückes aus Rücksichten auf die von „rechts" oder „links" für die Bühne geändert wurde, und der Angriff der aufständischen Bauern geschieht dort auf Janel's väterliches Schloß, wodurch die ungeschickte Vermischung mit der auch sonst recht bedenklich gestalteten Gerichtsscene vermieden wird: also ein mittelmäßiges Stück aus der achtungswerthen Leistung eines Romanschriftstellers!

**) Genau war freilich nicht zu unterscheiden, was dem alten Meisl und was Herrn Schier angehört.

2

für denselben Zweck nur den „Strohmann" gewinnt, den er
für den Redacteur ansieht (!); der Strohmann dann auch von einer
verrückten Alten als der Dichter gefeiert und von dem Ge-
heimsecretär des fremden Kanzlers zu einem Interview be-
fohlen (als Redacteur eines „Familienblattes"!), dagegen der andere eines Attentates auf eben diesen Kanzler
verdächtigt, und was des Unsinns mehr ist; zuletzt, nachdem
noch ein Paar Waschschüsseln zerschlagen worden, die obli-
gaten Heiraten: diese bloße Inhaltsangabe macht ein weiteres
Wort der Werthschätzung überflüssig. Wohl aber ist zu
erwähnen, daß die Direction ein solches „Kunstwerk" gern
dem „Volke" in den Nachmittagsvorstellungen der Sonntage
bietet — in würdiger Abwechslung mit dem „Hypochonder"
des als „Lustspiel"-fabrikanten en gros berüchtigten Moser.*)
Das letztgenannte Stück erscheint seit dem 8. November.
Die ärgste deutsche Lustspielphilisterei, sinn- und handlungs-
los, ohne Charaktere, führt es bekanntlich einen Rentier
vor, der alles ist, nur kein Hypochonder, wie man uns
weißmachen will.

Man konnte beinahe handgreiflich Psychologie der
Literaturen studiren, wenn man den kleinen graziösen Einacter
von Moreau und Delacour („Aus Freundschaft"**) ver-
glich, der am 19. October (nebst der recht oberflächlichen
Kleinigkeit: „Frühling im Winter" von Fulda und dem
bekannten, in seiner Art köstlichen Schwank des polnischen

---

*) Natürlich auch wieder aus dem Repertoire des „Wiener
Stadttheaters" (2. April 1881). Herr Dr. Franckel hat wahrlich keine
glückliche Hand, wenn er es ist, der in Erinnerung an seine „Stadttheater"zeiten solche Stücke aus dem alten Spielplane dieser Bühne
auswählt.

**) „Wiener Stadttheater", 28. November 1872.

Grafen Fredro, „Die einzige Tochter"*) über die Bretter
ging: dort der kreißende Berg, hier ein Nichts, das einen
tollen Wirbelwind der lustigsten Verwicklung entfacht. Da
diese aber dahin zuläuft, daß zwei Ehemänner sich gegen-
seitig für die Betrogenen halten, so darf man, ohne in den
Verdacht eines besonderen Philisterthums oder der von
einer gewissen „sittlichen" deutschen Kritik bis auf die Kunst
ausgedehnten Franzosenfresserei zu gerathen, wohl sagen,
daß solche zierliche Dinger unsittlich sind, nicht wegen des
Stoffes, den, sondern wegen der Art, wie sie ihn behandeln:
Schlangen unter Rosen! Für's „Volkstheater" wenigstens
eignen sie sich nicht! Oder ist das etwa die geeignete dramatische Kost für die Wiener Frauen und Töchter?

Gewiß weniger, als ernste sociale Dramen, wie „Die
Ehre" von dem in Berlin seit Kurzem vielgefeierten Sudermann,
auf deren Erwerbung das „Deutsche Volkstheater" verzichten
zu müssen glaubte, da es, wie die Direction wieder „officiös"
durch die Zeitung mittheilte, „seines Inhaltes wegen nicht
in den künstlerischen Rahmen dieses Theaters passe." Großartig! „Künstlerischer Rahmen", das ist doch schön gesagt?
Nicht minder großartig auch, daß, meines Wissens wenigstens, kein einziges Blatt ein Wort der Kritik über diesen Beschluß
für angezeigt hielt. Was ist denn der schreckliche Inhalt
eines solchen Stückes? Das versucht eben, die großen Gegen-
sätze unseres Lebens unverhüllt darzustellen: das Laster
abscheulich, wie es ist, und hart daneben und darin Edel-
muth und Reinheit, und dies nicht durch hohle Phrasen,
sondern durch die lebendige Veranschaulichung von Lebenskreisen,

---

*) Wiener Stadttheater, 30. August 1873, im Volkstheater
unglücklich zu einem Act zusammengezogen.

2*

wie Reich und Arm, Fabrikanten= und Handwerkerthum,
Arbeit und Capital. Wie man hört, werden wir auf
dem Theater a. d. Wien, in dem jetzt die Programmlosig=
keit herrscht, die „Ehre" sehen.

Kein geringeres thatsächliches Minus wie der Spiel=
plan zeigt die augenblickliche Bilanz des „Volkstheaters"
auch vom Gesichtspunkte des Personals aus. Ich halte
es entsprechend den Zeitverhältnissen, in denen wir leben,
für nützlich, hier gleich zu erklären, daß ich von all'
diesen Schauspielern, die ich nun nenne, keinen einzigen
persönlich kenne, auch sind meine Beziehungen zu Dichtern
und zu den Herren von der Wiener Presse gleich Null.
Vielleicht fallen dann meine Worte mehr in's Gewicht. Zu=
nächst zählt diese Bühne ganz überflüssig viele Mitglieder,
so viele, daß schon deshalb ein noch so harmloses Gemüth
sich der Ueberzeugung nicht verschließen kann, es seien für
die Engagements nicht immer sachliche Erwägungen maß=
gebend gewesen: namentlich, wenn man sieht, wie einfluß=
reiche Leute ihre talentlosen Töchter, nicht eine, sondern
gleich mehrere, hier wie in einem Familienheim unterzu=
bringen wissen. Aber ein hauptstädtisches Theater ist doch
keine Versorgungsanstalt für beschäftigungslose junge Damen!
In manchen Familien scheint die „Schauspielerei" eine an=
steckende Krankheit zu sein, an deren Folgen immer das
Wiener Publikum zu leiden hat. An unserem Theater gibt
es noch Schwestern von Hofschauspielerinnen, Directorsnichten
u. s. w., alles in allem eine Protectionswirthschaft zu Gunsten
unfähiger Kräfte, die einfach ein öffentlicher Scandal
zu nennen ist. Vorerst Frl. Emilie Hellmesberger, die
gegen den deutlich ausgesprochenen Willen des Publikums immer
wieder in den Vordergrund gedrängt wird. Die „Enkelin

des großen Anschütz"*) besitzt keinen Funken von Talent
und passirt nicht einmal als Dilettantin, plump und trampel-
haft in jeder Bewegung, ohne einen Schimmer der natür-
lichen Grazie, die gerade in den Rollen weiblicher Natur-
burschen so nöthig wäre. Sie ist immer in Verlegenheit,
was mit den oberen Gliedmaßen anzufangen, vielleicht ist
es der Ausdruck dieser Verlegenheit, daß sie beständig die
Hände ringt, an einander preßt, an den Fingern zieht.
Sonst sucht sie die rollenmäßige Naivetät ausschließ-
lich nur durch Gesichterschneiden zu versinnlichen. Als ich
sie in der „Berühmten Frau" die Herma spielen sah, er-
innerte ich mich wehmüthig des entzückenden Liebreizes,
mit welchem Frl. Sorma am „Deutschen Theater" in
Berlin diese widerliche Figur, welche ähnlich der Malers-
tochter in der famosen „Nixe" des Herrn Triesch — man sieht,
wie sich schöne Seelen treffen! — die Vertraute der galanten
Wünsche ihres Vaters ist, auszustatten wußte, auch ohne
des Talentes einer Künstlerin etwa vom Range unserer
Hohenfels zu bedürfen. — Die Geschichte der Bühnenwirk-
samkeit der zweiten Schwester Hellmesberger, des Frl. Rosette
(oder Rosa?) ist bekannt. Am Hofoperntheater gegen das
einmal wieder ungeberdige Publikum mit aller Mühe nicht
zu halten, ist auch sie in dem neuen „Asyl für Obdachlose"
trefflich versorgt worden. Wenn nicht mit dem Singen, geht's
vielleicht mit dem Spielen! Aber auch so will's nicht vor-
wärts. Als Darstellerin Anzengruber'scher Rollen fiel sie
bisher nur durch das unerträgliche „Salontirolerisch" auf,
mit dem sie unsere Ohren peinigte. Aber nicht blos ihrer
Rede fehlt die erste Bedingung gerade für Anzengruber-

---

*) Herr Sigmund Schlesinger in der „Deutschen Rundschau",
1889, November (!!).

Spieler: die Natur! Als sie („Anna Birkmaier") im „Pfarrer von
Kirchfeld" wie eine tragische Sängerin auftrat, indem sie nach
jedem Schritte innehielt und dabei ihre einfachen Strophen
mit Operntrillern verunzierte, die von ihr doppelt gewagt
waren, ging Heiterkeit durch das Haus. Immerhin könnte
die Dame, wenn denn schon durchaus geschauspielert werden
muß, anstatt Strümpfe zu stopfen, in Rollen zweiten oder
dritten Ranges wohl genügen. — Dasselbe gilt von Frl.
Camilla v. Bukovics, während die zweite der Damen Bukovics, Frl. Christine, wieder die ganz unbegabte ist und nur
zum größten Schaden des Theaters eine erste Stelle ein-
nimmt. Es wäre ergötzlich, wenn nicht peinlich, gewesen, sie
als Pia („Hochzeit von Valeni") bei Jonels Liebesandeu-
tungen durch krampfhaftes Augenzwinkern innere Bewegung
andeuten zu sehen, und da ich kein Herz von Stein habe,
wurde mein Mitleid rege, wenn sich bei den dankbarsten
„Abgängen" keine Hand rührte. Für vornehme junge Witwen,
die sich wieder verheiraten wollen („Frühling im Winter")
fehlt ihr völlig die „Haltung". — Ueber Schauspielerinnen
wie Frl. Salta, die nach zehnmaligem öffentlichen Auftreten
sich sogleich die Pforten des „Volkstheaters" zu erschließen
gewußt hat, um etwa die Rolle der Gertrud im „Tell"
herzusagen, wie eine höhere Tochter ein glücklich auswendig
gelerntes Gedicht, schweigt man am besten.

Aus den männlichen Mitgliedern der Bühne werde
sogleich Herr Benzinger angemerkt. Nicht zum wenigsten ist
es seine Schuld, daß die Aufführung des „Tell" einen so
kläglichen Eindruck machte. Wollte er den Helden besonders
als den „Träumer" darstellen? Er spielte wie ein Geistes-
abwesender: wenn er einer Person des Stückes auf eine
Frage zu antworten hatte, war es ein förmliches Losplatzen,

als ob er aus den Wolken auf die Erde stürzte. Im vierten
Acte fiel er nach dem Bogenschusse gegen die physikalische
Nothwendigkeit und gegen die ausdrückliche Vorschrift des
Dichters rücklings der ganzen Länge nach zu Boden, was
höchlich komisch aussah. – Herrn Kadelburg glaubt man
ebenso wenig seine vornehmen Herren („Frühling im Winter“)
wie Frl. Christine v. Bukovics diese Damen, er ähnelt einem
sonntäglich frisirten Commis, der sich zufällig in einen ele-
ganten Salon verirrt hat, mehr als einem Grafen oder Baron. Den ungarischen Cavalier („Die berühmte Frau“) habe
ich von seinem Bruder, dem er ihn genau nachspielte, natürlich besser gesehen.

Während die Direction des Volkstheaters die mittel-
mäßigsten, zum Theil ganz unverwendbaren Kräfte in die erste
Reihe schiebt, müssen die wirklich tüchtigen feiern. Zu diesen
zählt vor allen Herr Martinelli, dem seit dem Bestande des
Theaters erst zwei (!) größere Rollen (in den beiden Stücken
von Anzengruber) zugetheilt wurden; Frl. Schimura, die,
so viel mir bekannt ist, erst eine Rolle, die Louise in den
„Rantzau“, spielte und, seitdem dieses Stück einigermaßen in
den Hintergrund getreten ist, wohl Gage bezieht, aber so gut
wie gar nicht auftritt, dann Herr Meixner und Frau Keller.
Jenen kennen wir, von der kleinen Rolle in der „Hochzeit von
Valeni“ abgesehen, nur als Attinghausen im „Tell“, diese nur
als Armgard in demselben Stücke*). Herr Meixner sprach gut
und mit Würde, Frau Keller spielte vom und zum Herzen.
Beiden ist zu danken, wenn die Aufführung nicht durch-
wegs lächerlich wirkte. — Hier möchte ich auch für Frl.
Hönigswald als eine Schauspielerin ersten Ranges

---

\*) Neuerdings spielt sie auch für ein abgegangenes Mitglied die
„berühmte Frau“ (in dem gleichnamigen Stücke).

sprechen. Die Rolle der Cesarine („Aus Freundschaft")
brachte sie ganz außerordentlich zur Geltung, wie im Sturm
fuhr sie durch den Einacter — gerade ein Tempo,
das, für die leichte französische Waare unumgänglich, so
selten von Deutschen getroffen wird. In einer folgenden
Vorstellung sah ich dieselbe Rolle von Frl. Albrecht —
warum? „Weil eben Frl. Albrecht auch da ist" — jede
Wirkung ging verloren.*) Wenn dann Frl. Hönigswald
in der auf entgegengesetztem Pole der Schauspielkunst lie-
genden Figur einer Wiener Bürgersfrau aus der alten Zeit
(„Urlaubers Heimkehr") alle Herzen bezwang, nicht blos
durch Spiel, sondern auch durch Gesang, so zeigt sie damit,
daß sie für das Volkstheater unschätzbar sein könnte, wenn
man sie nur spielen ließe. Die gediegene Kunst der Dame
trat nur noch mehr an's Licht, da ihr in jenem Wiener
„Genrebild" Frl. Dworak zur Seite stand, deren Aufdring-
lichkeit bis über die Grenze des Schicklichen ging, während
sie ein andermal („Der Strohmann") einem Stubenmädchen
den Aufzug und die Manieren eines „Fräuleins" gab. —
Für größere sentimentale Rollen mache man doch mit
dem bisher ganz unbeachteten Frl. Erau einen Versuch, sie
hat ihre kleinen Rollen mit viel natürlicher Anmuth durch-
geführt, z. B. in der „Berühmten Frau" („Wally") Hellmesberger die jüngere schon durch ihre bloße Gegenwart geschlagen.

Dazu kämen Herr Greißnegger, ein behaglichster Komi-
ker, der im „Fleck auf der Ehr'" mit den Herrn Russek
und Langkammer ein ergötzliches Kleeblatt bildete, Frau
Berg, ein wahres Juwel, die in dem dümmsten Stück er-
freute. war sie auch von Unnatur rings umwallt, und die

---

*) Das „Fremdenblatt" (24. November) kommt hier zum gerade
entgegengesetzten Urtheil: den Grund wissen vielleicht nur Eingeweihte.

Damen Ernst und Sandrock. Letztere, erst neulich ge-
wonnen, geht uns wie alle übrigen Herren und Damen hier
nur als Schauspielerin an, und als solche besitzt sie Leiden=
schaft und die Fähigkeit, einen Charakter dem Dichter nach=
zuschaffen. Die Gemüthstöne scheinen ihr freilich abzugehen
und sie erinnert auch darin von fern an unsere Wolter.

So bleibt — wahrlich last not least — Herr Tyrolt,
der unserer Bühne anders denn „als Gast" (auf dem
Theaterzettel „Herr Tyrolt a. G.") anzugehören vorläufig
wohl Bedenken trägt, nicht mit Unrecht! Er ist gewiß
einer der besten Schauspieler des deutschen Theaters, nur
müßte ihm die Kritik genauer auf die Finger sehen, wenn
er sich schauspielerischer Effecte halber Eigenmächtigkeiten
erlaubt, die gegen Stück und Rolle streiten. Er machte im
„Hypochonder" trotz der ganz norddeutschen Atmosphäre
der Handlung einen urdeutschen „Sauerbrei" zu einem ver=
wienerten Czechen. Im übrigen ist Herr Tyrolt mit Recht
schon jetzt eine Stütze des Theaters. — Herrn Dessoir und Frl.
Mellenthin, letztere („Die berühmte Frau") eine Salondame,
die nun fehlt, haben wir leider verloren.

Alles übrige, so weit es überhaupt zu einem Urtheil
Gelegenheit bot, ist fast durchgehends, etwa einen oder zwei
Darsteller kleiner Chargen abgerechnet, ein werthloser An=
hang, während die eben genannten Mitglieder einen guten
Grundstock bildeten, wenn sie nur gehörig und richtig ver=
wendet würden. Aber was springt da alles auf der Bühne
herum: Männlein und Weiblein, die nicht zu gehen und zu
stehen, geschweige denn zu reden und zu hören wissen.
Was den vielgerühmten Herrn Kutschera betrifft, so hat
auch er erst letzthin („Hochzeit von Valeni") einen Schritt
nach der Einfachheit, Natürlichkeit und Mäßigung hin ge-

than. Die „Rantzau" wurden durch die Herren Weiße und Schmidt, welche elsässische Bauern mit der Pose und der Donnerstimme von Heldenkönigen gaben, ungemüthlich genug gemacht; dazu schrie nun noch Herr Kutschera unablässig so sehr, daß den an ihn gerichteten Worten des Schullehrers: „Schrei nicht so!" verständnißvolles Gelächter der Zuhörer folgte. Auch die von Haus aus gefährliche Figur des Pfarrers Hell („Pfarrer von Kirchfeld") wurde von ihm durch affectirtes Sprechen vollends verdorben. — Im Ganzen müßte die Direction schreckliche Musterung halten. Gerade in Wien sind nur gute Schauspieler verwendbar: in dieser Beziehung sind wir verwöhnt.

Das Verhältnis der Tageskritik zum „Volkstheater" erfordert noch eine besondere Besprechung. Sie ist so wenig geeignet, in den gerügten Punkten Wandel zu schaffen, daß sie viel= mehr die Entwicklung dieser Bühne geradezu ungünstig beein= flußt. Sei es auch nur, weil sie durch das besonders bei uns in Wien so beliebte Vertuschungs= und Schweige= system nützen will. Wie erfolglos ein solches auf die Dauer ist, hätten unsere Blätter doch endlich lernen können! Aber es zeigt sich auch darin der Mangel an Wahrheits= muth und Pflichtgefühl, der für unser Wiener Leben, als ganzes genommen, so bezeichnend ist, das Spiel zum Ernst, Ernst zum Spiel macht, Schein für Sein gibt und nimmt, auf Lug und Trug Kartenhäuser baut, Verhältnisse, denen Ibsen's „Volksfeind" so recht angepaßt ist.

Das Publikum muß noch aus einem anderen Grunde vor der Kritik der öffentlichen Zeitungen entschieden gewarnt werden. Rücksichten, die das betreffende Blatt, vielleicht nur ganz persönliche, die der Herausgeber oder ein einfluß= reiches Mitglied der Redaction nehmen muß oder will, und

die Beziehungen, die der Kritiker selbst nothwendig zu literarischen Kreisen und Cliquen bekommt, mögen es auch einem
ehrlichen Manne schwieriger machen als man wohl denkt,
sich auf der Höhe seiner verantwortungsvollen Aufgabe zu
halten. Und nun gar erst die anderen, zum Theil Leute,
die ihren Beruf verfehlt haben und Unwissenheit mit Un-
fähigkeit, Verlogenheit mit Frivolität vereinend, über eine
Theatervorstellung wie über einen Ballabend berichten!

Freilich wird schon durch die überall verbreitete Un-
sitte, daß die Leser bereits beim Morgenkaffee wissen müssen,
wie sie sich den Abend vorher unterhalten haben oder haben
sollen, aus dem kritischen Raisonnement mehrfach eine hohle
Berichterstattung. Aber in Wien erfüllt die Kritik noch
weniger als anderswo ihre Aufgabe, klärend und erziehend
auf den Geschmack einzuwirken. Sie besitzt zwar unter ihren
Vertretern einige unterrichtete und wohlmeinende Männer
und eine bekannte Feder von glänzender Begabung,*)
immerhin erreicht kein einziger von allen das Wissen oder
die Sachlichkeit der Berliner Paul Schlenther, Kritikers der
Vossischen Zeitung,**) und Otto Brahm. Für Wien könnte
ich mit Auszeichnung eigentlich nur Herrn Müller-Gutten-
brunn nennen, seit Jahren ein unermüdlicher Streiter für
die Gesundung unseres Bühnenlebens und beinahe der einzige, dessen kritische Thätigkeit den Eindruck wirklicher Ob-

*) die nachgerade nur hemmend unser Kunstleben beeinflußt.
Uebrigens werden Herrn Speidels Feuilleton-Kritiken immer mehr bloße
Inhaltsangaben.

**) Aber auch andere große reichsdeutsche Blätter, wie die
„Frankfurter Zeitung“ oder die „Nationalzeitung“ bieten oft ausgezeichnete Referate. Für die Rubrik: Theater und Kunst steht unsere
Wiener Presse keineswegs auf der unerreichten Höhe, deren sie
sich rühmt.

jectivität macht. Wenn auch seine Urtheile im einzelnen
nicht immer das rechte treffen mögen, bemüht er sich doch
stets, ohne Rücksicht auf irgend wen oder irgend was, das
erste Gebot für den Kritiker, das der „Wahrhaftigkeit", zu erfüllen. Schade nur, daß die „Deutsche Zeitung", für die er thätig
ist, nicht die wünschenswerte Verbreitung besitzt. Von dem,
was ich hier gegen die Wiener Presse sage, schließe ich
dieses Blatt aus. Herrn Müller wäre nur der treffliche
Rudolf Valbek („Oesterr.-Volkszeitung") zuzugesellen,
zugleich einer der Seltenen, die wirklich einen feinen dramatischen Sinn zeigen. Freilich passiren auch ihm manchmal
Unbegreiflichkeiten, die den Leser verwundern.

Für die übrige Wiener Theaterberichterstattung sind,
um ein Beispiel aus letzter Zeit zu nehmen, die Urtheile
über Paul Lindau's jüngst aufgeführtes „Lustspiel":
„Die beiden Leonoren" bezeichnend. Einen so ausgesprochenen — hocherfreulichen — Mißerfolg hatte man
im „Burgtheater" in den letzten Jahren nicht häufig er-
lebt: nach dem 2. und 3. Acte durfte zwar der Regisseur
erscheinen — gibt es doch immer Leute, welche klatschen!
— aber nur unter dem lebhaftesten Protest*); der 1. und
der letzte Act wurden lautlos hingenommen. Das nannte
Herr Speidel („Neue Freie Presse") einen „guten
Erfolg"! Andere, wie Herr Kalbeck („Neues Wiener
Tagblatt") sind wenigstens so ehrlich, zuzugestehen, das
Stück habe „nicht ganz den verdienten (?) freundlichen
Erfolg" gehabt. Herr Ganghofer („Wiener Tagblatt")
schiebt das auf die mangelhafte Akustik des Hauses (!) und
versichert, daß man sich in den ersten Reihen des Parquets

---

*) Herr Gabillon: Ich habe die Ehre, den Dank u. s. w. Eine Stimme
ober mir: Nicht nöthig! Eine andere in Bezug auf diese Aeußerung: Bravo!

vorzüglich unterhalten habe: nun, jeder kann nicht in den „ersten Reihen des Parquets“ sitzen, vielleicht hätte ich mich dort auch sehr gut unterhalten, aber vielleicht saßen dort sehr genügsame Leute. Ich hatte ziemlich weit von „den ersten Reihen des Parquets“ meinen Platz und habe doch im Burgtheater selten so gut gehört wie gerade damals. Auch die famosen letzten Worte des ersten Actes, die nach Herrn Ganghofer durch die im Hause „zerflatternde“ Stimme der Frau Mitterwurzer — arme Schauspielerin, die für den Dichter büßen muß! — verloren gegangen wären — das soll nämlich den gänzlichen Mißerfolg des Actes erklären — hörte ich deutlich.

Den Mißerfolg des ganzen Stückes erklärt eben einzig und allein der innere Unwerth der Arbeit. Ein „berühmter“ Mann hat uns mit einer neuen Erbärmlichkeit beschenkt, die frühere nur durch die Schleuderhaftigkeit der Arbeit, die Schablonenhaftigkeit der Charaktere, die Witzlosigkeit des Dialogs, die Verwerflichkeit der Gesinnung übertrifft. Alle Licht-, Malerei- und Decorationseffecte, alle Heidelberger Schloßruinen, wie sie in raffinirter Weise aufgeboten werden, konnten sogar unsere Wiener darüber nicht hinwegtäuschen. Was hätte eine tiefere Natur aus dem auch von anderen behandelten Thema, daß die ältere Frau den Geliebten an eine jüngere verliert, hier in der an sich glücklichen Abänderung von Mutter und Tochter verwendet, was hätte sich alles daraus machen lassen! Nach Berliner Mittheilungen war schon bekannt, daß das Stück todtgeboren sei, da seine Basis, die Sinnesumwandlung der Frau Leonore Kaiser vom 2. in den 3. Act etwas Wunderbares ist, dessen Begründung und Erklärung ausbleibt. Hr. Kalbeck im „Neuen Wiener Tagblatt" vom 8. December sieht das wohl ein. Aber erst die übrigen Jämmerlichkeiten dieser schwindelhaften Fabriks= arbeit!

Alle diese Leute, wenn sie wirklich wären, gehörten ja in's Irrenhaus: zuerst der sonderbare Schwärmer, der Herr Justizrath, der ruhig zusieht, wie ein anderer im Begriff ist, seine Frau zu verführen, der Herr Consul Wieberg, der die Tochter jener Frau heiratet, der er kurz vorher nachgestellt hat*), dieser merkwürdige Arzt, der, man weiß nicht warum und wozu, die Bühne unsicher macht, als eine unfreiwillige Carricatur aller Aerzte der Welt! Man muthet uns an, eine häusliche Scene förm= lich tragisch zu nehmen, wie nämlich Lorchen **) zum Gaudium des Stubenmädchens einen Redekampf mit der Gesell= schafterin Mamas, ihrer alten Gouvernante, aufführt; und uns von der lächerlichen Farce mit der Puppe, die Herr Wieberg dem Lorchen mitbringt, rühren zu lassen, als das Mädchen dankbar erklärt, die neue Puppe den geliebten alten einreihen zu wollen — denn diese unglaublichen Albern= heiten sind nicht etwa scherzhaft gemeint! Man könnte fast auf den Gedanken einer beabsichtigten Mystification des Publikums kommen. Sehr bemerkenswerth ist auch die Moralpredigt des Herrn Lindau=Kaiser am Schlusse: An einer Frau, die überhaupt verdorben werden könne, sei ohnehin nichts verloren, der Gatte könne also dem Treiben von Hof-

---

*) Wie ekelhaft! Für einen Dichter, wie Heyse, genügte ein ähnliches Motiv zum Conflict für ein kleines Trauerspiel. Daß das Verhältniß zwischen Frau Leonore und Herrn Wieberg nicht bis zum thatsächlichen Ehebruch vorgeschritten ist, verschlägt dabei nichts.

**) Kömmt auch geradewegs aus der Pension, siehe oben (S. 16) „Maria und Magdalena."

machern und Cicisbeo's ganz gemüthsruhig zusehen (!). Das
mag vielleicht die Moral der Kreise sein, in denen sich Herr
Lindau zu bewegen pflegt, eine anständig bürgerliche ist es
nicht. Nach dieser ist es für einen Ehemann das Natür-
liche, einen jungen unverschämten Bengel, der ihm in seiner
Frau zu nahe tritt, die Treppe hinabzuwerfen, die Frau unter
Umständen nach.

Auf welcher Stufe die Führung des Dialogs steht,
zeige eine kleine humoristische Blumenlese: Wieberg jun.
zu Lorchen, die ihm sagt, sie sei die Tochter der Frau
Kaiser: „Sind Sie dessen auch gewiß?" (!); Wieberg
sen.: „Ich bin so mager, daß ich mich durch die
pneumatische Post befördern lassen könnte"; Kaiser: „Ich
habe in Marienbad um drei Pfund zugenommen"; Brosius:
„Wenn ich eine Landpartie machen will, regnet's immer
u. s. w. Herr Costa, der den sehr geistreichen „Fall Clemenceau"
mit sehr wenig Geist zu parodiren versucht hat, würde in
den „Beiden Leonoren" einen dankbareren Stoff finden:
hier würde er mit wenig Aufwand von Witz auskommen,
er brauchte allein die Puppengeschichte recht auszunützen.
Ein Elend war es nur, unsere Burgschauspieler, voran das
unvergleichliche Fräulein Reinhold, eine Dame, die schon
oben (S. 7) hätte genannt werden können, sich mit solchem Zeuge
quälen zu sehen. Natur war diesmal nur bei den Schauspielern
(Herrn Schöne ausgenommen), nicht auch beim „Dichter".

Nun, wer gebildeten Lesern „Die armen Mädchen"*)
bieten durfte, konnte auch „Die beiden Leonoren" wagen.
Eine aufrichtige und vernünftige Kritik hätte aber schlankweg
gesagt: „Herr Paul Lindau! Nachdem nun doch schon in

---

*) In diesem Roman (auch in der „Neuen Freien Presse" er-
schienen) gibt sich bekanntlich ein vornehmes Mädchen aus purer Lange-

weiteren Kreisen der dringende Wunsch hörbar wird, daß Sie
Ihrem seit längerer Zeit ganz abgetriebenen „Dichter"gaul
endlich das Gnadenbrod geben möchten, so hören Sie doch
auf!" Aber dieser Mann muß noch sehr viel Einfluß besitzen!
Man höre nur das folgende Urtheil, das ich, eines statt
vieler, wiedergebe. Das Stück sei „von überraschender Fein=
heit der Technik, graziös in jedem Zug . . . reich an Scenen
voll köstlichen Humors, wie an Scenen von wahrhaft
poetischem Gehalte" (so der schon oben erwähnte Herr
Ganghofer im „Wiener Tagblatt" vom 8. December). Da
legst Di' nieder! sagt der Wiener, mehr nicht!

So wird von unserer Kritik schlechte Schundbramatik
mit Sammthandschuhen angefaßt, während auf der andern
Seite ernste strebsame Talente, die man auf jede Weise
fördern sollte, gerade von maßgebender Stelle abgelehnt
werden*).

Nach dem Gesagten bliebe der Wiener Kritik, auch
wenn man von nichtsachlichen Momenten, die für besondere
Urtheile maßgebend sind, absähe, gewiß noch immer der
schwerwiegende Vorwurf zu machen, daß sie fast nie mit
der nöthigen Rückhaltslosigkeit, wo es rechter Keulenschläge
bedürfte, das Falsche, Verkehrte und Elende angreift und
vernichtet, daß sie im einzelnen Falle anstatt ehrlich auf den
Kern der Sache zu dringen und einen bestimmten Stand=

weile einem jungen Wüstling hin, was aber nicht hindert, daß sie
einen reichen gräflichen Officier zum Gemahl erhält, ein Bündniß, das
die alte Gräfin, obwohl durch das Mädchen selber von dem Vorge=
fallenen unterrichtet, ohne Weiteres mit ihrem Segen begleitet (!!).

*) Siehe Herrn Speidel über Fulda's „Wilde Jagd" („Burg=
theater", 18. Oktober) und Karlweis' „Bruder Hanns" (Ebenda,
16. Februar). Freilich, „berühmt" ist weder der eine noch der andere.

punkt der Beurtheilung zu zeigen, gewöhnlich mit dem land=
läufigen Phrasenschematismus sich behilft, insbesondere her=
vorragenden, wenn auch eigenartigen, neuen Erscheinungen
gegenüber in der Regel beschränkt conservative Ansichten
vertritt *). Nirgends besitzt alles „Erbgesessene“ eine solche
Bedeutung wie in Wien, und der alte Schimmel ist ja auch
auf dem Theater für das liebe Publikum so bequem!

Daß nun eine so geartete Kritik — denn meine ver=
ehrten Adressaten fragen bereits ungeduldig, was das Alles
ihr „Volkstheater“ anginge — daß eine solche Kritik nicht
geeignet ist, einer jungen Bühne von irgend einem wesent=
lichen Nutzen zu sein, ist klar, meine ich. Zu erwähnen war
nur noch, daß bei den meisten unserer öffentlichen Blätter
die Berichterstattung über das „Burgtheater“, als das „vor=
nehmere“, von der über die „Vorstadttheater“ getrennt ist.
Da nun zu diesen auch das „Volkstheater“ (!) geschlagen
wird, aber gerade die Kritik über die „Vorstadttheater“ auch

---

*) Dasselbe gilt von den Correspondenzen, die unsere Blätter
über das Theater in Berlin und Paris enthalten. Wie das ein ver=
nünftiger Mensch noch lesen mag! Man kann hier wirklich die nied=
lichsten stilistischen Beobachtungen machen. Diese Sammlungen von
Gemeinplätzen sind immer nach demselben Formular zusammen=
gesetzt. Eine derartige „Correspondenz“ liegt vor mir. Da heißt es
etwa: Ob der Beifall (den das Stück erhält) dauernden Erfolg ver=
bürgt, läßt sich nicht sagen (einen entschiedenen Ausspruch könnten ja
die Thatsachen Lügen strafen, also nur Vorsicht, denn ob das Stück
gut ist oder schlecht, weiß der Schreiber ja selbst nicht), allein wir
können nicht verhehlen, daß das „Fremdartige“ doch „einigermaßen“
. . . . indeß möchten wir das Stück doch nicht missen . . . . (!). Dann
kommen gewisse Aussprüche, die den Laien imponiren sollen und die
überhaupt schwer zu bestreiten sind, besonders Superlative: Dies oder
das gehört zu den wirkungsvollsten, ergreifendsten . . . aufzuweisen
hat u. s. w.

bei großen Blättern\*) in ganz unfähigen Händen ruht,\*\*) daher fast überall nur das platteste und trivialste Gerede zeugt, so kann man sich wohl vorstellen, wie das „Volkstheater" berathen ist. So meinte neulich die „Neue Freie Presse", daß den „Fall Clémenceau" eigentlich das „Volkstheater" hätte spielen sollen (!). Derselbe „Kritiker" pflegte die ersten Aufführungen dieser Bühne mit dem triumphirenden Satze einzuleiten: „Wieder hat diese Bühne ein Stück des Stadttheaters (natürlich erfolgreich) aufgeführt." Man denke doch: Ein Stück des „Stadttheaters"! Ueberhaupt berichtet nur noch das „Fremdenblatt" gleich farblos über das „Volkstheater". Aber hier noch Belege im Einzelnen.

„Die Rantzau". Die „Neue Freie Presse" (5. October) lehnt jeden etwa möglichen Einwand gegen die Zustände an dieser Bühne durch die Schlagworte: „verletzte Eitelkeit, Concurrenzeifer und sonstige Gegnerschaft" ab.

„Der Strohmann". Ebenda (13. October) hieß es: „guter Erfolg", „heiterste Situationen", „leichte Gestaltungskraft" der Autoren\*\*\*); aus den Namen der Darsteller werden

---

\*) Bei der „kleinen" Presse ist insbesondere die Art zurückzuweisen, in der mitunter von den Darstellerinnen gesprochen wird. Da beurtheilt z. B. ein „Kritiker" eine neue Schauspielerin nur dahin, daß er sagt: „Frl. X. ist eine schöne, dunkeläugige Sängerin von festester Bauart" (!). Ein solcher Ton paßt in ein Bordell, aber nicht in eine öffentliche Zeitung. Sittlichend kann das auf die Beurtheilten gewiß nicht wirken; und unter allen Umständen sollte gar niemand vogelfrei sein für die Ungezogenheiten und Brutalitäten irgend eines Scriblers, dem unglücklicherweise die kostbare Druckerschwärze zur Verfügung steht. Mit Saphir'schen Witzeleien und Gemeinheiten, die bei uns noch in einer Art Tradition fortzuleben scheinen, kommt heutzutage auch die Theaterkritik nicht mehr aus!

\*\*) Für im Allgemeinen zweckwidrig halte ich es auch, die Theaterkritik dramatischen Schriftstellern anzuvertrauen, wie es in Wien besonders beliebt ist.

\*\*\*) Der eine der beiden Verfasser, Herr Osten, ist Feuilletonist einer Wiener Zeitung: hinc illae lacrimae! Bei einem auswärtigen

ein paar herausgegriffen, „aber auch die übrigen Darsteller hatten an dem Beifalle des Abends theil"; und damit doch auch etwas getadelt wird — man muß sich doch ein An= sehen geben — ist von einer „stellenweise zu flotten Dar= stellung" die Rede: lächerlich in diesem Zusammenhang, denn, in weniger raschem Tempo gespielt, wäre das Stück erst gar die reine Unmöglichkeit geworden. Und das Ganze heißt dann eine Kritik! Da lobe ich mir diesmal das — „Vaterland", das nach der ersten Aufführung des „Strohmanns" sagte: „Viel tiefer darf das „Deutsche Volkstheater" nicht mehr sinken", eine Stimme, die dadurch freilich sehr an Werth verliert, daß diese Zeitung aus naheliegenden Gründen dem „Volks= theater" überhaupt übel gesinnt sein muß.

„Wilhelm Tell". Das klägliche Fiasco dieses Ver= suches mußte die grundsätzlich — persönliche Freund= und Feindschaften im einzelnen Falle in Anschlag gebracht — schönrednerischen Stimmen unserer Presse in arge Ver= legenheit setzen. Da war doch das Rühmen schwer. Nun, man sprach von der „guten Inscenirung", das ist ein Aus= druck von einiger Unbestimmtheit, das Publikum denkt sich nicht viel darunter und controlirt das nicht. In Wahrheit wurde auch hier nach Möglichkeit gestümpert, z. B. gleich im ersten Act die genaue Bühnenanweisung (allmähliche Verfinsterung vom hellen Sonnenglanze an) nicht be= achtet. Trotz unverständiger Kürzungen dauerte die qualvolle Vorstellung bekanntlich bis 11 Uhr, so daß die Besucher noch vor Schluß in hellen Schaaren flüchteten.

„Frühling im Winter" scheint auch Herrn L. H.*)

Versuche lief natürlich das Stück sofort auf den Sand (s. die „Frank= furter Zeitung" vom 3. December, 1. Morgenblatt).
    *) Wie die Herren im bürgerlichen Leben heißen, ist ja für uns gleichgiltig.

3*

(„Neues Wiener Tagblatt") ein schwaches Stück, es besteht diesmal kein Hinderniß, das zuzugeben, nur mit dem Begründen seiner Meinung hat der Kritiker Unglück, denn die zarte Seele meint, daß, „um manche Peinlichkeit zu ersparen, die Absicht zum Selbstmord (des blasirten Grafen) nur angedeutet, nicht ausdrücklich herausgesagt werden sollte" (!). Herr Ganghofer, (der im „Wiener Tagblatt" sonst nur über das Burgtheater berichtet) fand gerade das Stück von Fulda „liebenswürdig", „glücklich ersonnen", „geistvoll gegliedert" und Gott weiß was noch alles, dagegen den Erfolg des an demselben Abend gegebenen Schwankes: „Aus Freundschaft", der Stürme von Heiterkeit entfesselte, „trotz aller widrigen Umstände" nur durch Hrn. Thyrolt's Spiel „erzwungen".

„Der Hypochonder". Die „Neue Freie Presse" (9. November 1889) erklärte, „Moser's bürgerlicher Humor (?) finde im „Volkstheater" den richtigen Boden, und die Direction sollte sich beeilen, die neuesten erfolgreichen Stücke dieses Autors aufzuführen. . . . . Von den letzten Abenden des „Volkstheaters" sei der „Hypochonder" einer der sehenswerthesten." Das wird hiemit tiefer gehängt und dazu nur bemerkt, daß die ganze stimmfähige Kritik in Deutschland, die Moser, Schönthan u. s. w. nicht blos nicht ernst nimmt, sondern geradezu als die eigentlichen Kunstverderber betrachtet. Anstatt eines Urtheils über die einzelnen schauspielerischen Leistungen des Abends wird natürlich einfach wieder der Theaterzettel abgeschrieben, Frl. E. Hellmesberger nicht zu vergessen. — Hr. L. H. („Neues Wiener Tagblatt") hätte nur aus dem Grunde die Aufführung lieber unterlassen gesehen, um keine Veranlassung zu einem Vergleiche mit dem „Stadttheater" zu geben, was „dem neuen Unternehmen unmöglich zum Vortheil gereichen könne".

„Urlaubers Heimkehr." Herr Schier, der verschiedene Verbindungen mit den Wiener Zeitungen besitzen dürfte, hat (nach der „Neuen Freien Presse" vom 24. November) „discret*) das Gute des alten Stückes erhalten und nur, wo die Farben verblaßt erschienen, aus Eigenem Neues wirksam (?) hinzugethan" (ja, leider!); das „Neue Wiener Tagblatt" fand die Geschichte wenigstens „recht nett und recht lustig", und in Frl. Dworak „die Anmuth und Grazie in Person."

„Die Hochzeit von Valeni." Die Collegen des Herrn Ganghofer waren natürlich des Lobes erst recht voll. Unter den Darstellern hebt die „Neue Freie Presse" (vom 30. November) in ihrer „Copie des Theaterzettels" Frl. v. Bukovics, die Herrn Kutschera „als Pia sehr gut secundirte", besonders hervor. Ich bitte hiezu, wie zu allen angeführten Urtheilen der Presse meine Bemerkungen oben (S. 16—26) zu vergleichen.

Was will es da bedeuten, wenn eines der kleineren Blätter einmal von Frl. Rosette Hellmesberger als „Protectionskind" spricht: man verweigert eben der Zeitungskritik zuletzt allen Credit und argwöhnt überall persönliche Gründe. Zu gleicher Zeit war im Gegentheile für die „Presse" das Spiel dieser Dame (es ist in beiden Fällen vom „Pfarrer von Kirchfeld" die Rede) ganz zufriedenstellend „trotz der Ungnade der Gallerie". Es ist ja aber auch wahr! Man sehe doch: diese Gallerie! Da baut man ein Theater, wo auch diese — Leute vom Mittelstand für ein paar Kreuzer Platz finden, und anstatt sich nun hübsch ruhig zu verhalten,

---

*) Ein wichtiges Wort im Kritikerlexikon! Andere unentbehrliche Termini: „Realistisch", „Idealistisch", „Romantisch", „Poetisch" — „Gelungene Charakteristik", „Keck gezeichnete Figuren" — „Fremdartiges Colorit", „Krasse Entwicklung" — „Klangvolles Organ", „Wärme des Tones", „glücklicher Instinct" u. s. w.

wie es sich für sie gebührt, beanspruchen sie sogar noch das Recht einer eigenen Meinung! Wollen sich nicht einmal eine Schauspielerin aufdrängen lassen, die zwar schlecht spielt, aber doch Hellmesberger heißt! Ei, ei! Man sehe doch!

Daß es nicht lange auf den eingeschlagenen Wegen weitergehen kann, davon wird sich der verehrte Ausschuß des „Volkstheaters" wohl bald selbst überzeugen. Man komme nicht mit den Cassenberichten: es läßt sich ausrechnen, daß gegenwärtig diejenigen Wiener, die überhaupt, sei es auch nur selten, in ein Theater kommen, das neue Haus nicht einmal nur ein Mal schon alle haben besuchen können. Das sichert für's erste noch guten Besuch. Uebrigens fängt der Zudrang schon an, nachzulassen, wie die erste Vorstellung des Heinemann'schen Stückes bewies. Sogar unter dem „Volk" ist das Theater bereits durch seine schlechten „Spüler" verrufen. Im Theater selbst kann man bei diesem oder jenem albernen Stücke einfache Leute, die gewiß nicht kritisch aufgelegt sind, sondern den besten Willen haben, zu lachen und zu weinen und sich so gut als nur möglich zu unterhalten, schließlich zu einander sagen hören: „Na — es (das Stück) läßt viel zu wünschen übrig." Voran aber wird und muß das ständige Theaterpublikum, das im „Volkstheater" eher wie anderswo den wirklich gebildeten Ständen angehört, schließlich doch stutzig werden. Denn es wird sich sagen, daß von den Stücken, die es auf dieser mit so erhabenen Vorsätzen oder wenigstens hochtönenden Versprechungen begründeten und eröffneten Bühne zu sehen bekommt, die meisten das gezahlte Eintrittsgeld nicht werth sind und daß andererseits das Gelingen der Darstellung von Momenten abhängt, die keine sachlichen sind.

In der That wäre zu einer Umkehr die höchste Zeit. So lange unser Anzengruber lebte, war er gleichsam lebendig eine Mahnung und ein Sporn zu höheren Zielen. Das hat nun aber aufgehört.\*) Und doch! Wie gern sähe man gerade dem Volkstheater eine rühmliche Zukunft beschieden, die des reizenden Baues würdig wäre, der für Auge und Ohr des Zuschauers alles besitzt, was dem „Burgtheater" fehlt!

Am sichersten hülfe man, wenn Herr v. Bukovics durch eine geeignete Person von literarischem Verstand, der dem gegenwärtigen Director dem Anschein nach völlig mangelt, sich ersetzen ließe; ob der zwischen den Betheiligten abgeschlossene Vertrag dazu Mittel bietet, weiß ich freilich nicht. Mindestens aber muß es dem Ausschuß möglich sein, einen moralischen Druck auf den Director dahin auszuüben, daß, ehe es zu spät, die Forderungen erfüllt werden, die alle einsichtigen Freunde des „Volkstheaters" stellen müssen, nämlich:

Fort mit all' dem Schnickschnack und Firlefanz, den Moser, Schönthan, Lindau, denn wir wurden „endlich satt"; gebt uns auf der Bühne künstlerische Werke, wie sie unsere Classiker schufen und wie sie das gewaltige Treiben des

---

\*) Was man im „Reiche" über das fortwährend betonte Verhältniß dieser Bühne zu dem großen Dichter denkt, stand schon im November in der Wochenschrift „Teutschland", die Fritz Mauthner, auch ein „berühmter" Schriftsteller, und, was mehr ist, ein wackerer und vorurtheilsloser Mann, herausgibt, zu lesen: Daß Anzengruber dieser Bühne nur zum Aushängeschild diene für all' das Alltagswerk, das sonst auf den Bühnen ehrlicher Geldleute und auf sparsamen Hofbühnen erscheine. Hart, aber wahr! Auch die ehrlichen (d. h. aufrichtigen) Geldleute stimmen! Die machen uns doch wenigstens keinen blauen Dunst vor, Herr v. Bukovics! Freilich glaube ich, daß Sie durch eine Führung des Theaters, wie sie bis jetzt beliebt hat, nicht einmal das Ziel erreichen werden, möglichst viel über den Pacht herauszuschlagen!

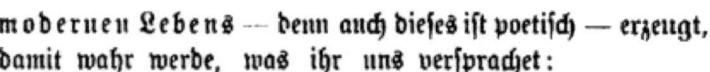

modernen Lebens — denn auch dieses ist poetisch — erzeugt, damit wahr werde, was ihr uns versprachet:

Auf dieser Bühne soll die Welt erscheinen —

fort aber auch mit den Protectionskindern unter den Schauspielern und hervor die mit Unrecht Zurückgestellten und durch neue brauchbare — sie müssen keineswegs allerersten Ranges sein - zu ergänzenden Kräfte. Das Publikum selbst hat es in der Hand, hier mitzuhelfen: es braucht das Theater nur bis auf Weiteres nicht zu besuchen!

Heute kann sich das „Volkstheater" mit dem „Stadttheater" kaum in dessen schlechtesten Zeiten vergleichen, und so wird es denn auch, wenn alles bleiben soll, wie es ist, nicht leisten, was man von ihm, das von manchen Fesseln, die immerhin einer Hofbühne aufgelegt sind, befreit ist, hoffen wollte: daß es befruchtend wirken würde auf das „Burgtheater" und das Wiener Theaterleben überhaupt, das jetzt in der That wie an einem Wendepunkt steht.

Ob diese Zeilen irgend einen praktischen Erfolg haben werden? Ich möchte es kaum hoffen, obgleich in sachlichem Interesse lebhaftest wünschen: ich weiß nicht einmal, ob sie überhaupt Beachtung finden werden. Selbst dann bin ich darauf gefaßt, als muthwilliger Schädiger der jungen Bühne, als Scandalmaler, als Querulant gebrandmarkt zu werden. Das würde ich ruhig zu tragen wissen. Denn, meine Herren Ausschüsse vom Verein „Deutsches Volkstheater", ich würde mir denken, so spricht nur der Unverstand, wenn nicht, um den Würdigen von der „Neuen Freien Presse" reden zu lassen: „Eifersucht, verletzte Eitelkeit und — sonstige Gegnerschaft.'

Wien, am Todestage Anzengruber's.